UNICORN

AGES 4-8

PAINT BY NUMBER FOR KIDS

Color by Number Land©

All rights reserved.

1 = BLUE   2 = RED   3 = PINK

4 = GREEN   5 = PURPLE   6 = ORANGE   7 = YELLOW

1 = BLUE   2 = RED   3 = PINK
4 = GREEN 5 = PURPLE 6 = ORANGE 7 = YELLOW

1 = BLUE   2 = RED   3 = PINK

4 = GREEN 5 = PURPLE 6 = ORANGE 7 = YELLOW

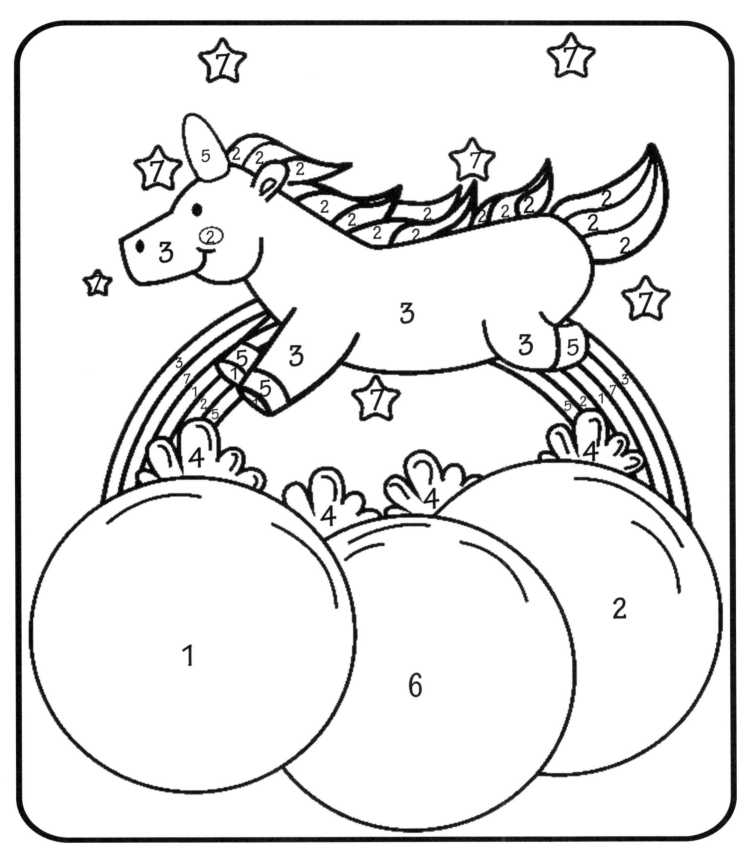

1 = BLUE   2 = RED   3 = PINK

4 = GREEN 5 = PURPLE 6 = ORANGE 7 = YELLOW

1 = BLUE   2 = RED   3 = PINK
4 = GREEN 5 = PURPLE 6 = ORANGE 7 = YELLOW

1 = BLUE   2 = RED   3 = PINK

4 = GREEN   5 = PURPLE   6 = ORANGE   7 = YELLOW

1 = BLUE   2 = RED   3 = PINK

4 = GREEN   5 = PURPLE   6 = ORANGE   7 = YELLOW

1 = BLUE   2 = RED   3 = PINK
4 = GREEN 5 = PURPLE 6 = ORANGE 7 = YELLOW

1 = BLUE   2 = RED   3 = PINK

4 = GREEN   5 = PURPLE   6 = ORANGE   7 = YELLOW

1 = BLUE   2 = RED   3 = PINK
4 = GREEN   5 = PURPLE   6 = ORANGE   7 = YELLOW

1 = BLUE   2 = RED   3 = PINK

4 = GREEN   5 = PURPLE   6 = ORANGE   7 = YELLOW

1 = BLUE   2 = RED   3 = PINK

4 = GREEN 5 = PURPLE 6 = ORANGE 7 = YELLOW

1 = BLUE   2 = RED   3 = PINK
4 = GREEN   5 = PURPLE   6 = ORANGE   7 = YELLOW

1 = BLUE   2 = RED   3 = PINK
4 = GREEN 5 = PURPLE 6 = ORANGE 7 = YELLOW

1 = BLUE   2 = RED   3 = PINK

4 = GREEN 5 = PURPLE 6 = ORANGE 7 = YELLOW

1 = BLUE   2 = RED   3 = PINK

4 = GREEN 5 = PURPLE 6 = ORANGE 7 = YELLOW

1 = BLUE   2 = RED   3 = PINK
4 = GREEN 5 = PURPLE 6 = ORANGE 7 = YELLOW

1 = BLUE   2 = RED   3 = PINK

4 = GREEN   5 = PURPLE   6 = BROWN   7 = YELLOW

1 = BLUE 2 = RED 3 = PINK

4 = GREEN 5 = PURPLE 6 = BROWN 7 = YELLOW

1 = BLUE   2 = RED   3 = PINK
4 = GREEN 5 = PURPLE 6 = BROWN 7 = YELLOW

1 = BLUE   2 = RED   3 = PINK
4 = GREEN 5 = PURPLE 6 = BROWN 7 = YELLOW

1 = BLUE   2 = RED   3 = PINK

4 = GREEN 5 = PURPLE 6 = BROWN 7 = YELLOW

1 = BLUE   2 = RED   3 = PINK

4 = GREEN 5 = PURPLE 6 = ORANGE 7 = YELLOW

1 = BLUE   2 = RED   3 = PINK

4 = GREEN   5 = PURPLE   6 = BROWN   7 = YELLOW

1 = BLUE   2 = RED   3 = PINK

4 = GREEN   5 = PURPLE   6 = ORANGE   7 = YELLOW

www.ingramcontent.com/pod-product-compliance
Lightning Source LLC
LaVergne TN
LVHW081806050326
832903LV00027B/2117